Albert Schweitzer

W0300737

VOM SINN DES LEBENS

Verlag Paul Haupt Bern und Stuttgart

Zusammengestellt für den Schweizer Hilfsverein für das
Albert-Schweitzer-Spital in Lambarene von R. Brüllmann.
1. Auflage, Herbst 1983
2. Auflage, Frühjahr 1987

ISBN 3-258-03332-3

Suchet Stunden der Sammlung, damit eure Seele zu euch sprechen kann, ohne dass es vom Geräusch des Alltags übertönt wird.

Grösser als die Verhältnisse muss unsere Kraft sein, unter diesen Verhältnissen Menschen zu werden, die die Zeit verstehen und der Zeit gewachsen sind.

Was ich als das in uns drängende Ziel des Seins verstehe, ist, dass mein Leben zugleich mit dem aller Menschen auf seinen höchsten Wert gebracht werde. Das ist der Weltgedanke, wie ich ihn in mir erlebe.

Ehrfurcht vor Menschenleid und Menschenleben, vor dem Kleinsten und Unscheinbarsten sei das eherne Gesetz, das hinfort die Welt regiere.

Die Wege, durch die Gott die Menschen führt, sind uns dunkel. Nur zwei in sich zusammenhängende und an sich selbst rätselhafte Grundgesetze zeichnen sich in bestimmten Umrissen für uns ab: Dass alle Schuld erstens Sühne heischt und zweitens aller Fortschritt Opfer verlangt, wobei alles in Menschenleben, die dazu gewählt sind, bezahlt wird.

Vollendung des Menschen ist der einzige Zweck, den wir dem Sein überhaupt geben können.

In der Welt offenbart sich uns der unendliche Wille zum Leben als Schöpferwille, der voll dunkler und schmerzlicher Rätsel für uns ist, in uns als Wille der Liebe, der durch uns die Selbstentzweiung des Willens zum Leben aufheben will.

Halte dich dazu an, alles, was dir von Menschen an Gutem begegnet, nach seinem wahren Werte zu messen. Nichts von dem, was dir widerfährt, ist selbstverständlich.

Wo wir den Dingen auf den Grund gehen, kommen wir immer auf etwas Geheimnisvolles. Das Wissen vom Leben ist das Erkennen des Geheimnisvollen. Recht handeln heisst, den Gesetzen gehorchen, die aus diesem Erkennen des Geheimnisvollen kommen.

Liebe Menschen im Leben zu haben, macht den Reichtum des Daseins aus.

Man muss immer die Erinnerung von allem, was schön war, in einem guten und feinen Herzen behalten. Das tue ich mein ganzes Leben lang. Darum ist es nie ganz dunkel.

Die innere Freude, die wir empfinden, wenn wir etwas Gutes getan haben und wenn wir fühlten, dass wir irgendwo notwendig waren und Hilfe leisteten, ist eine Speise, deren die Seele bedarf.

Alles wahre Erkennen geht in Erleben über.

Baue von unten auf und leiste das Unscheinbare und Verborgene, das viel schwerer ist als das anerkannt Grossartige. Dann wirst du das Grossartige tun, so wie es sein soll und wie es in Jesu Geist liegt, unbewusst.

Jeder muss tastend den Weg seiner Verantwortung suchen und von einem Fall zum andern entscheiden, was er als Pflicht, als Muss erlebt.

Der Mensch darf niemals aufhören, Mensch zu sein.

Suchet still und bescheiden, wo Gott euch brauchen kann, und werdet nicht müde im Warten und Suchen. Denn wenn irgendwo das Wort Jesu gilt «Wer da suchet, der findet», so ist es hier. Ihr werdet finden, wo ihr dienen könnt, und die Seligkeit dieses Dienens erfahren.

Die Zeit verlangt von uns nicht Diskussion, sondern geistiges Wirken.

Wer die Gehobenheit nicht kennt, die wir dann erleben, wenn das wunderbare Licht des Helfen-Dürfens in die grausige Nacht des Zerstören-Müssens hineinfällt, weiss nicht, wie reich das Leben sein kann.

Es kommt nicht nur darauf an, was wir äusserlich in der Welt leisten, sondern was wir menschlich geben, in allen Lagen.

Wehe uns, wenn unsere Empfindsamkeit sich abstumpft: Unser Gewissen im weitesten Sinne, das heisst das Bewusstsein von dem, was wir sollen, geht damit zugrunde.

Im Wirken spüren wir die göttlichen Kräfte, die alles erhalten und beleben.

Dein Leben ist etwas Trübes und Undurchsichtiges, solange du es nur mit dem natürlichen Menschensinn betrachtest, aber wenn du es gegen das Licht der göttlichen Güte hältst, dann leuchtet es und wird durchsichtig und strahlt und glänzt.

Wir müssen nie kritisieren, sondern verbessern.

Die Welt ist nicht nur Geschehen, sondern auch Leben. Zu dem Leben der Welt, soweit es in meinen Bereich tritt, habe ich mich nicht nur leidend, sondern auch tätig zu verhalten. Indem ich mich in den Dienst des Lebendigen stelle, gelange ich zu einem sinnvollen, auf die Welt gerichteten Tun.

Dienen, das ist der tiefe Sinn des Lebens, doch jeder muss suchen, welche Art des Dienens ihm bestimmt ist.

Die persönliche Initiative, die vielgestaltig anpassungsfähige Kraft der Einzelnen ist die Einheit, aus der sich jede wirkliche Leistung aufbaut.

In dem wirren Lärm der Welt hören wir das ewige Lied vom Leben wie eine reine, klare Melodie über dem Ganzen schweben und lassen uns dadurch führen, welches auch unser Schicksal sei.

Was leide ich darunter, dass wir Menschen so viele Zeit des Zusammenseins unnütz miteinander zubringen, statt uns in ernster Weise über ernste Dinge zu besprechen und uns einander als strebende, leidende, hoffende und glaubende Menschen zu erkennen zu geben.

Lasst euch nicht irre machen, wenn viele um euch herum die Zeichen der Zeit nicht verstehen und in Äusserlichkeiten aufgehen, sondern wisset, dass wenn nur wir denken und tun, was getan werden muss, ein Segen für die Welt daraus entstehen wird.

Das wenige, das du tun kannst,
ist viel – wenn du nur irgendwo Schmerz
und Weh und Angst von einem Wesen nimmst,
sei es Mensch, sei es irgendeine Kreatur.

Jeder soll als stiller, schlichter
Mensch seinem Leben einen Zweck geben.

Wahre Resignation besteht darin, dass der Mensch in seinem Unterworfensein unter das Weltgeschehen zur innerlichen Freiheit von den Schicksalen, die das Äussere seines Daseins ausmachen, hindurchdringt. Innerliche Freiheit will heissen, dass er die Kraft findet, mit allem Schweren in der Art fertig zu werden, dass er dadurch vertieft, verinnerlicht, geläutert, still und friedvoll wird. Resignation ist also die geistige und ethische Bejahung des eigenen Daseins. Nur der Mensch, der durch Resignation hindurchgegangen ist, ist der Weltbejahung fähig.

Uns ist bestimmt, nicht für uns zu leben, sondern für etwas, das kommen soll.

Die höchste Erkenntnis, zu der man gelangen kann, ist Sehnsucht nach Frieden, dass unser Wille eins werde mit Gottes Willen und sich nicht abschliesst wie ein Wassertümpel, der vertrocknen muss, wenn des Sommers Hitze kommt.

Nur ein unendlich kleiner Teil des unendlichen Seins kommt in meinen Bereich. Das andere treibt an mir vorüber wie ferne Schiffe, denen ich unverstandene Signale mache. Dem aber, was in meinen Bereich kommt und was meiner bedarf, mich hingebend, verwirklichte ich die geistige, innerliche Hingebung an das unendliche Sein und gebe meiner armen Existenz damit Sinn und Reichtum.

Zweck des Daseins ist, dass durch die Erfahrungen des Lebens unsere Seele erfüllt werde von göttlicher Wahrheit, dass sie schon jetzt in diesem Leben das Leben der Unsterblichkeit in sich trägt.

Sein Menschenleben neben dem Berufsleben rettet sich, wer auf die Gelegenheit aus ist, in persönlichem Tun, so unscheinbar es sei, für Menschen, die eines Menschen bedürfen, Mensch zu sein. Dadurch stellt er sich in den Dienst des Geistigen und Guten.

Mein Leben trägt seinen Sinn in sich selber. Er liegt darin, dass ich die höchste Idee habe, die in meinem Willen zum Leben auftritt: die Idee der Ehrfucht vor dem Leben. Daraufhin gebe ich meinem Leben und allem Willen zum Leben, der mich umgibt, einen Wert, halte mich zum Wirken an und schaffe Werte.

Lasst euch nicht abstumpfen, bleibt wach! Es gilt um eure Seele.

Alles, was du tun kannst, wird in Anschauung dessen, was getan werden sollte, immer nur ein Tropfen statt eines Stromes sein; aber es gibt deinem Leben den einzigen Sinn, den es haben kann, und macht es wertvoll.

Du musst sein, wie du sein musst, wahrer, wissender Mensch, Mensch, der mit der Welt lebt, Mensch, der die Welt in sich erlebt.

Was neben all dem, was jetzt im wirtschaftlichen und sozialen Kampfe vor sich geht, kommen muss, wenn wir nicht in materielles und noch mehr in geistiges Elend kommen wollen, ist die tätige Menschlichkeit. Diese gilt es zu wecken.

Leben heisst für uns nicht nur, unsere eigenen Schicksale erleben, sondern sich für alles, was sich in unserem Bereiche abspielt, verantwortlich fühlen.

Aller Pessimismus ist inkonsequent.

Eine unermesslich tiefe Wahrheit liegt in dem phantastischen Worte Jesu: «Selig sind die Sanftmütigen, denn sie werden das Erdreich besitzen.»

Zwei Menschen erleben ähnliches. Der eine bleibt, was er ist; der andere wächst dadurch am inwendigen Menschen, weil er ihm eine Bedeutung abgewinnt.

Im Sinn und Zweck der Welt, soviel uns daran dunkel bleiben mag, ist eines deutlich: Ziel allen Geschehens ist das Geistige.

Wir alle müssen humaner werden, wenn es in der Welt besser werden soll.

Die Reife, zu der wir uns zu entwickeln haben, ist die, dass wir an uns arbeiten müssen, immer schlichter, immer wahrhaftiger, immer lauterer, immer friedfertiger, immer sanftmütiger, immer gütiger, immer mitleidiger zu werden.

Alle Probleme, die gelöst werden müssen, können nur durch Gesinnung gelöst werden.

Nichts anderes vermag das immer tiefer und immer umfassender werdende Erkennen zu tun, als uns immer tiefer und immer weiter in das Rätselhafte hineinzuführen, dass alles, was ist, Wille zum Leben ist.

Nicht darf es für dich heissen: Wie erkläre ich die Ereignisse, die mir begegnen, sondern: Was mache ich aus ihnen?

Nichts ist umsonst in der Welt: Das ist das grosse Gesetz.

Schafft euch ein Nebenamt, ein unscheinbares, vielleicht ein geheimes Nebenamt. Tut die Augen auf und suchet, wo ein Mensch oder ein Menschen gewidmetes Werk ein bisschen Zeit, ein bisschen Freundlichkeit, ein bisschen Teilnahme, ein bisschen Gesellschaft, ein bisschen Arbeit eines Menschen braucht. Vielleicht ist es ein Einsamer oder ein Verbitterter oder ein Kranker oder ein Ungeschickter, dem du etwas sein kannst. Vielleicht ist es ein Greis oder ein Kind. Oder ein gutes Werk braucht Freiwillige, die einen freien Abend opfern oder Gänge tun können.

Was aus dem Chaos der Ereignisse bleibt: Wo ein Mensch Mensch war für einen andern.

Die Ideen, die das Wesen und das Leben eines Menschen bestimmen, sind ihm auf geheimnisvolle Weise gegeben. Wenn er aus der Kindheit heraustritt, fangen sie an, in ihm zu knospen. Wenn er von der Jugendbegeisterung für das Wahre und Gute ergriffen wird, blühen sie und setzen Frucht an. In der Entwicklung, die wir nachher durchmachen, handelt es sich eigentlich nur darum, wieviel von dem, was unser Lebensbaum in seinem Frühling an Frucht ansetzte, an ihm bleibt.

Eine neue Renaissance muss kommen, in der die Menschheit entdeckt, dass das Ethische die höchste Wahrheit und die höchste Zweckmässigkeit ist.

Glücklich die Menschen, die im Dank gegen Gott für das Leben gestählt sind.

Die Überzeugung, dass wir im Leben darum zu ringen haben, so denkend und so empfindend zu bleiben, wie wir es in der Jugend waren, hat mich wie ein treuer Berater auf meinem Wege begleitet.

Als Wirkende und als Leidende haben wir die Kräfte von Menschen zu bewähren, die zum Frieden hindurchgedrungen sind, der höher ist als alle Vernunft.

Wo Kraft ist, ist Wirkung von Kraft. Kein Sonnenstrahl geht verloren. Aber das Grün, das er weckt, braucht Zeit zum Spriessen, und dem Sämann ist nicht immer beschieden, die Ernte mitzuerleben.

Wenn du dich schwach und matt und unglücklich fühlst, fang an zu danken, damit es besser mit dir werde.

Lasst uns so einfach wie möglich leben, dass wir haben, zu geben.

Der Ungelehrte, der angesichts eines blühenden Baumes von dem Geheimnis des um ihn sich regenden Willens zum Leben ergriffen ist, ist wissender als der Gelehrte, der tausend Gestaltungen des Willens zum Leben unter dem Mikroskop oder im physikalischen und chemischen Geschehen studiert, aber bei aller Kenntnis von dem Ablauf der Erscheinungen des Willens zum Leben dennoch nicht von dem Geheimnis bewegt ist, dass alles, was ist, Wille zum Leben ist, sondern in der Eitelkeit aufgeht, ein Stückchen Ablauf von Leben genau beschreiben zu können.

Was das Leben bringt, hat an sich keinen Wert. Es bekommt ihn erst durch den Dank zu Gott.

In tausend Arten hat sich die Bestimmung des Menschen zu erfüllen, damit sich das Gute verwirkliche. Was er als Opfer zu vollbringen hat, ist das Geheimnis jedes einzelnen. Miteinander aber müssen wir alle wissen, dass unser Dasein seinen wahren Wert erst bekommt, wenn wir etwas von der Wahrheit des Wortes: «Wer sein Leben verliert, der wird es finden» in uns erleben.

In der Sprache der Welt sagt man von einem Menschen, der etwas geleistet hat: Er hat eine Spur hinterlassen. Unser Herr Jesus setzt uns ein anderes Ziel: Eine Furche ziehen, das heisst, etwas Segensreiches tun, das verschwindet.

Die Hauptfrage des Lebens ist: Wie stehst du zum Tode?

Durch Beziehung auf die Welt Unruhe haben, wo wir durch Zurückziehen auf uns selber Ruhe haben könnten: Dies ist's, was uns die tiefere Welt- und Lebensbejahung auferlegt.

Harmonie und Kraft ist nur in unserm Leben, wenn das Äussere ist wie das Innere.

Das ist die Erkenntnis, zu der man gelangt, wenn man versucht hat, den Dingen auf den Grund zu gehen, dass, was uns im Leben festhält, nicht das ist, was wir von ihm hoffen und erwünschen, sondern die nahen und fernen Menschen, die uns nötig haben.

Vertiefte Welt- und Lebensbejahung besteht darin, dass wir den Willen haben, unser Leben und alles durch uns irgendwie beeinflussbare Sein zu erhalten und auf seinen höchsten Wert zu bringen.

Es gibt nicht nur ein Lambarene. Jeder kann sein Lambarene haben.

Lebensbejahung ist die geistige Tat, in der der Mensch aufhört, dahinzuleben, und anfängt, sich seinem Leben mit Ehrfurcht hinzugeben, um es auf seinen wahren Wert zu bringen.

Die einzige Möglichkeit, seinem Dasein einen Sinn zu geben, besteht darin, dass der Mensch in seinem Unterworfensein unter das Weltgeschehen zur innerlichen Freiheit von den Schicksalen hindurchdringt.

Mit Bewusstsein und Wollen gebe ich mich dem Sein hin. Damit setze ich meinem Dasein einen Sinn von innen heraus.

Zum Einssein unseres Willens mit dem göttlichen gehört, dass wir alles Gute und Schöne im Leben, die Menschen und die Dinge, nicht als etwas Selbstverständliches hinnehmen, sondern es immer wieder als etwas empfangen, das uns Gott geschenkt hat, dass wir mit grösserer Freudigkeit ihm dienen dürfen und ihm dafür danken.

Treue ist die innere Kraft des Lebens, in der wir uns selber erfassen.

Wir sind verantwortlich für alles, was wir tun können an Menschen und für Menschen, ob sie uns bekannt sind oder nicht.

Den Sinn des Ganzen zu verstehen, ist uns unmöglich.

Ohne die Momente, wo der Mensch sich durch die Tat als ein Teil der geistigen Welt fühlt, geht seine Seele zugrunde.

Wird der Mensch denkend über das Geheimnisvolle seines Lebens und der Beziehungen, die zwischen ihm und dem die Welt erfüllenden Leben bestehen, so kann er nicht anders, als daraufhin seinem eigenen Leben und allem Leben, das in seinen Bereich tritt, Ehrfurcht vor dem Leben entgegenzubringen und diese in ethischer Welt- und Lebensbejahung zu betätigen. Sein Dasein wird dadurch in jeder Hinsicht schwerer, als wenn er für sich lebte, zugleich aber auch reicher, schöner und glücklicher. Aus Dahinleben wird es jetzt wirkliches Erleben des Lebens.

Vertrauen ist für alle Unternehmungen das grosse Betriebskapital, ohne welches kein nützliches Werk auskommen kann.

Ein Mensch, der nicht wirkt, der kommt nicht weiter als bis zu dem Satz: Das Leben ist Kampf und Not. Aber ein Mensch, der wirkt, der kommt zur höheren Weisheit: Das Leben ist Kampf und Sieg. Darum zwingt Gott die Menschen zur Arbeit.

Das wunderbare Wort des Apostels Paulus: «Soviel an euch liegt, habt mit allen Menschen Frieden» gilt nicht nur den einzelnen, sondern auch den Völkern.

In dem, was uns die Propheten und Jesus und unsere Reformatoren gegeben haben, ist ein Wissen vom Leben, das ewig ist.

Dass jeder in der Lage,
in der er sich befindet, darum ringt, wahres Menschentum an Menschen zu betätigen, davon hängt die Zukunft der Menschheit ab.

Wir sollen wissen, dass die Trübsal zum Christenstand gehört, dass Jesus uns in sein Leiden nachzieht.

Was sind doch die Menschen arm, die geistig allein sind, die niemand haben, der sie versteht und ermutigt; doppelt arm, wenn sie nicht einmal das Bedürfnis darnach haben!

Die letzte Frage des Daseins, die über unser Schicksal entscheidet, hat es nur mit dem einen zu tun, auf das wir immer zurückgeworfen werden: Was wird aus unserm Willen? Wie findet er sich in den Willen Gottes?

So sehr mich das Problem des Elends in der Welt beschäftigte, so verlor ich mich doch nie in Grübeln darüber, sondern hielt mich an den Gedanken, dass es jedem von uns verliehen sei, etwas von diesem Elend zum Aufhören zu bringen.

X Das Kostbarste im Leben ist das, dass wir nicht für uns selber leben, sondern für das, was geschehen muss für die Menschen und für die Wahrheit und für das Gute.

Die höchste Erkenntnis ist, dass alles, was uns umgibt, Geheimnis ist. Kein Wissen und kein Hoffen kann unserm Leben Halt geben und Richtung. Nur in der Tatsache, dass wir uns von dem ethischen, sich in uns offenbarenden Gott ergreifen lassen und unser Wollen in seines dahingeben, empfängt es seine Bestimmtheit.

Alles, was Mensch ist,
ist bestimmt, in eigener, denkender Weltanschauung wahrhaftige Persönlichkeit zu werden.

Wenn ihr dies eine, aber nur dies eine, innerlich von dem Leben fordert, dass es euch zu Jesus bringe, dann herrscht ihr über das Leben.

Ein Mensch, der wirkt,
kann nicht verzagen an dem Sieg des Göttlichen über das Böse.

Ethische Welt- und Lebensbejahung enthält optimistisches Wollen und Hoffen unverlierbar in sich. Darum fürchtet sie sich nicht davor, die trübe Wirklichkeit so zu sehen, wie sie ist.

Aus der Zerstörung, durch die wir hindurchgegangen sind, wollen wir den Glauben an die Zukunft der Menschheit als das kostbarste Ideal in die neue Zeit hinüberretten und dem kommenden Geschlecht übergeben.

Bleibe, wie die innere Stimme dich zu sein heisst.

Nicht durch das Denken und Nachsinnen erfasst man das grosse Geheimnis, das über der Welt und unserm Dasein schwebt, sondern die höhere Erkenntnis, die geht erst auf in dem Wirken, in dem Arbeiten.

Das Leben ist Kampf und Sieg in Christus.

Das Grösste ist danken für alles; wer das gelernt hat, der weiss, was Leben heisst.

Bücher von Albert Schweitzer

Ausgewählte Kostbarkeiten, 1981 (SKV)
Aus meinem Leben und Denken, 1980 (Meiner und Fischer-Taschenbuch)
Aus meiner Kindheit und Jugendzeit, 1979 (Beck und Haupt)
Briefe aus Lambarene 1924–1927, 1955 (Beck)
Briefe aus dem Lambarene-Spital 1930–1954, 1981 (Union)
Das Christentum und die Weltreligionen. Mit einer Einführung in Schweitzers Denken von Ulrich Neuenschwander, 1978 (Beck)
Deutsche und französische Orgelbaukunst und Orgelkunst, 1968 (Breitkopf & Härtel)
Die Lehre von der Ehrfurcht vor dem Leben, 1976 (Beck)
Die Mystik des Apostels Paulus, 1981 (Urban)
Die Religionsphilosophie Kants, 1979 (Olms)
Die Weltanschauung der indischen Denker, 1978 (Beck) und 1982 (dtv)
Friede oder Atomkrieg, 1982 (Beck)
Gesammelte Werke, 1974 (Beck)
Geschichte der Leben-Jesu-Forschung, 1977 (GTB)
Glaube, 1982 (Haupt)
Goethe. Vier Reden, 1970 (Beck)
Im Banne der Musik, 1958 (Hyperion)
Johann Sebastian Bach, 1967 (Breitkopf & Härtel)
Kein Sonnenstrahl geht verloren, 1960 (Hyperion)
Kultur und Ethik. Mit Einschluss von «Verfall und Wiederaufbau», 1972 (Beck)
Mitteilungen aus Lambarene 1913–1914, 1983 (Union)
Reich Gottes und Christentum, 1967 (Mohr)
Selbstzeugnisse (Aus meiner Kindheit und Jugendzeit/Zwischen Wasser und Urwald/Briefe aus Lambarene 1924–1927), 1980 (Beck)
Strassburger Predigten, 1966 (Beck)
Von Mensch zu Mensch, 1961 (Hyperion)
Was sollen wir tun? 12 Predigten über ethische Probleme, 1974 (Schneider)
Zur Diskussion über Orgelbau, 1977 (Merseburger)
Zwischen Wasser und Urwald, 1963 (Haupt)

Bücher über Albert Schweitzer

Albert Schweitzer. Ehrfurcht vor dem Leben. Eine Freundesgabe zu seinem 80. Geburtstag, 1954 (Haupt)

Albert Schweitzer und die Tiere, 1979 (Schweizer Hilfsverein)

Brüllmann R.: Aus dem Leben und Denken Albert Schweitzers, 1982 (Haupt)

Geiser S.: Albert Schweitzer im Emmental, 1974 (Rotapfel)

Grässer E.: Albert Schweitzer als Theologe, 1979 (Mohr)

Jacobi E. R.: Albert Schweitzer und die Musik, 1975 (Breitkopf & Härtel)

Keiji Kasai: Die Bedeutung des Christentums in der heutigen Welt bei Albert Schweitzer und Paul Tillich, 1980 (Haupt)

Lamprecht S.: Albert Schweitzer und die Schweiz, 1982 (Juris)

Munz W.: Lambarene 1913–1979. Der Lösungsversuch von Albert Schweitzer. Reihe «Die Dritte Welt und wir», 1980 (Haupt)

Neuenschwander U.: Denker des Glaubens I, 1978 (GTB)

Neuenschwander U.: Zwischen Gott und dem Nichts, 1981 (Haupt)

Oswald S.: Mein Onkel Bery. Erinnerungen an Albert Schweitzer, 1972 (Rotapfel)

Pierhal J.: Albert Schweitzer, 1982 (Fischer)

Steffahn H.: Albert Schweitzer in Selbstzeugnissen und Bilddokumenten, 1979 (rororo)

Steffahn H.: Du aber folge mir nach. Albert Schweitzer, Werk und Wirkung, 1974 (Haupt)

Wenzel L.: Albert Schweitzer gestern – heute. Eine Anthologie der Begegnungen, 1974 (Haupt)

Woytt-Secretan M.: Albert Schweitzers Lambarene lebt, 1979 (Langewiesche)